BEI GRIN MACHT SICH IHR WISSEN BEZAHLT

- Wir veröffentlichen Ihre Hausarbeit,
  Bachelor- und Masterarbeit

- Ihr eigenes eBook und Buch -
  weltweit in allen wichtigen Shops

- Verdienen Sie an jedem Verkauf

Jetzt bei www.GRIN.com hochladen
und kostenlos publizieren

Bibliografische Information der Deutschen Nationalbibliothek:

Die Deutsche Bibliothek verzeichnet diese Publikation in der Deutschen National-bibliografie; detaillierte bibliografische Daten sind im Internet über http://dnb.d-nb.de/ abrufbar.

Impressum:

Copyright © 2009 GRIN Verlag, Open Publishing GmbH
Druck und Bindung: Books on Demand GmbH, Norderstedt Germany
ISBN: 9783640645633

Dieses Buch bei GRIN:

http://www.grin.com/de/e-book/152394/ueber-valentine-de-saint-points-manifeste-de-la-femme-futuriste

Anne-Sophie Schmidt

Über Valentine de Saint-Points "Manifeste de la Femme Futuriste"

Biographie und Schaffen

GRIN Verlag

GRIN - Your knowledge has value

Der GRIN Verlag publiziert seit 1998 wissenschaftliche Arbeiten von Studenten, Hochschullehrern und anderen Akademikern als eBook und gedrucktes Buch. Die Verlagswebsite www.grin.com ist die ideale Plattform zur Veröffentlichung von Hausarbeiten, Abschlussarbeiten, wissenschaftlichen Aufsätzen, Dissertationen und Fachbüchern.

Besuchen Sie uns im Internet:

http://www.grin.com/

http://www.facebook.com/grincom

http://www.twitter.com/grin_com

Universität Osnabrück   15.06.2009

Fachbereich Sprachwissenschaften
Seminar: Französische Avantgarden im europäischen Kontext

Valentine de Saint-Point

–

Manifeste de la Femme Futuriste

Anne-Sophie Schmidt   Europäische Studien

INHALTSVERZEICHNIS

1. EINLEITUNG 4

2. KURZBIOGRAPHIE 4

3. EINFLÜSSE UND WICHTIGE WERKE 6

    3.1 CHARAKTERISTIKA DER AVANTGARDE 6

    3.2 AVANTGARDISTISCHE EINFLÜSSE... 7

    3.3 SUJETS DER WERKE SAINT-POINTS 8

4. ANALYSE DES *MANIFESTE DE LA FEMME FUTURISTE* 10

    4.1 CHRAKTERISTIKA UND PROBLEME DES MEDIUMS 11

    4.2 STILANALYSE 12

    4.3 INHALTLICHE ANALYSE.. 14

5. RESÜMEE 16

6. LITERATURVERZEICHNIS 18

1. Einleitung

Die vorliegende Arbeit, die Ausarbeitung zu meinem Referat, welches im Rahmen des Seminars *Französische Avantgarden im europäischen Kontext* gehalten wurde, gibt einen Überblick über die Biographie und das Schaffen der avantgardistischen Künstlerin Valentine de Saint-Point. Im besonderen Fokus steht ihr *Manifeste de la Femme Futuriste*, das europaweit kritische Reaktionen hervorrief.

Zu Beginn der Arbeit wird ein kurzer Überblick über die wichtigsten Stationen ihres Lebens gegeben. Im Folgenden werden Personen sowie verschiedene künstlerische Strömungen aufgeführt, die das Schaffen von Valentine de Saint-Point beeinflussten. Hierzu werden zunächst grundsätzliche Charakteristika der avantgardistischen Bewegung dargelegt, insbesondere des Futurismus. Darauf aufbauend werden Saint-Points wichtigste Werke auf ihre zentralen Themen untersucht.

Anschließend folgt eine Analyse des *Manifeste de la Femme Futuriste*. Begonnen wird mit der Darlegung der Charakteristika des avantgardistischen Mediums, des Manifests, um die Analyseschwierigkeiten des selbigen zu verdeutlichen. Die Analyse ist in einen stilistischen sowie in einen inhaltlichen Teil untergliedert.

Zusammenfassend wird an Hand der inhaltlichen Aspekte sowie Saint-Points Umgang mit Sprache im *Manifeste de la Femme Futuriste* ein kurzes Resümee bezüglich der Fortschrittlichkeit ihres Schaffens gegeben.

2. Kurzbiographie

Valentine de Saint-Point, Urgroßnichte des Dichters Alphonse de Lamartine, ist Literatin, Malerin, Dramaturgin, Choreographin, und Journalistin und bekannt als erste Frau der misogynen Bewegung des Futurismus.

Am 16. Februar 1875 wird sie in Lyon geboren. Als einziges Kind von Alice Desglans de Cessiat und Charles-Joseph Vercell wächst Saint-Point, dessen tatsächlicher Name Anna Jeanne Valentine Marianne Deglans de Cessiat-Vercell lautet, in Macon auf, wo sie, nach dem frühen Tod ihres Vaters, vornehmlich von ihrer Großmutter und ihrem Hauslehrer erzogen wird. Im Alter von 18 Jahren heiratet sie Florian Théophile Perrenot, der jedoch im Jahre 1899 stirbt. Die junge Witwe lässt sich in Paris nieder, wo sie im Jahr 1900 Charles Dumont, den späteren Minister der Dritten Republik, heiratet.

Im skandalgewohnten Paris weiß Valentine de Saint-Point dennoch durch ihre emanzipierte, provokante Art aufzufallen. Sie organisiert schon im Jahr 1902 ihren ersten *salon littéraire*, der es ihr ermöglicht mit politischen Persönlichkeiten und Künstlern des Symbolismus in Kontakt zu treten. Vor allem den französischen Bildhauer und Zeichner Auguste Rodin, der als Wegbereiter der Modere gilt, achtet sie sehr.[1] Zusammen haben sie ein „projet de livre intime", welches sich jedoch nur beim Lesen der Ausführungen Saint-Points über Rodin erahnen lässt.[2]

Im Jahr 1903 lernt sie Ricciotto Canudo, italienischen Schriftsteller und fortschrittlichen Filmtheoretiker, kennen. Saint-Point lässt sich von ihrem Ehemann scheiden, nimmt ihren Künstlernamen an (*Saint-Point* nimmt Bezug auf das Schloß von Alphonse de Lamartine) und lebt in wilder Ehe mit Canudo, der sie in ihren literarischen Anfängen unterstützt.[3] Das Paar verbindet ein großes Interesse am Symbolismus sowie das Streben nach einem universalen Konzept der Sprache.[4]

Im Jahre 1905 beginnt die Künstlerin mit der Veröffentlichung literarischer Abhandlungen in verschiedenen avantgardistischen Zeitschriften (u.a. in der *Nouvelle Revue Française*), die ihr die Möglichkeit bieten, ihr literarisches Können unter Beweis zu stellen. Hiermit beginnt ihre produktivste Phase des Schaffens. Saint-Point betätigt sich auf lyrischer Ebene, im Rahmen des Theaters (*Le Théâtre de la Femme* (1913)) sowie im malerischen und tänzerischen Künstlerfeld (*La Métachorie* (1913)). Ihre Werke lösen empörende Kritik unter der Leserschaft und Presse aus (z.B. *L'Inceste* (1907), Drama *Le Déchu* (1909)).

Im Jahr 1912 beginnt sie mit dem Ausrichten der *soirées apolloniennes*.[5] Das Abhalten von *soirées* ist ein typisches Charakteristikum der avantgardistischen Bewegung. Die Künstler schaffen auf diese Weise einen besonderen, aktivistischen Rahmen für ihre Werke. Oft enden die Abende unter gezielter Publikumsbeschimpfungen und Provokation in großem, oft handgreiflichem Tumult, durch jenen die Veranstalter in große Euphorie geraten.[6] Ihr europaweit Aufsehen erregendes *Manifeste de la Femme Futuriste*, eine Antwort auf den misogynen Inhalt des *Manifeste du Futurisme* von Filippo Tommaso Marinetti, verfasst sie in selbigem Jahr.

---

[1] Vgl.: http://fr.wikipedia.org/wiki/Valentine_de_Saint-Point. Letzter Zugriff am 03.06.2009 um 13:45 Uhr.
[2] Vgl.: Sina, Adrien: Valentine de Saint-Point: Figure futuriste, féminine et originaire de l'art-performance. http://virtualurbanity.free.fr/Sina085/vsp.html. Letzter Zugriff: 03.06.2009 um 13:45 Uhr.
[3] Vgl.: http://fr.wikipedia.org/wiki/Valentine_de_Saint-Point.
[4] Vgl.: Bordes, Arnaud: Valentine de Saint-Point. http://revuelasoeurdelange.hautetfort.com/list/a_quoi_bon_l_art_/valentine_de_saint-point_-arnaud_bordes.doc. Letzter Zugriff: 03.06.2009 um 14:18 Uhr, S. 1.
[5] Vgl.: http://fr.wikipedia.org/wiki/Valentine_de_Saint-Point.
[6] Vgl.: Mathy, Dietrich: Europäischer Futurismus oder: Die beschleunigte Schönheit. In: Die literarische Moderne in Europa. Hg. v. Hans-Joachim Piechotta, Ralph-Rainer Wuthenow, Sabine Rothemann. Opladen: Westdeutscher Verlag 1994 (Bd. 2), S. 91.

Nach der Kriegserklärung arbeitet Valentine de Saint-Point zunächst als Sekretärin für Auguste Rodin. Im Jahr 1916 verlässt sie Frankreich und reist nach Spanien sowie in die Vereinigten Staaten, um ihre fortschrittlichen Ideen global zu verbreiten. Zwei Jahre später kehrt sie nach einem Aufenthalt in Marokko, während dessen sie zum Islam konvertiert, wieder nach Frankreich zurück.[7]

Im Anschluss an ihre Rückkehr in das vom Krieg gänzlich veränderte Europa verabschiedet sie sich peu à peu von den Werten der modernen Welt und nimmt die Suche nach dem Spirituellen auf.[8] Nach dem Tod ihrer Mutter und ihres Liebhabers Canudo lässt sie sich in Kairo nieder, engagiert sich hier vornehmlich politisch und versucht durch die Gründung des *centre déiste* ihren Wunsch der Fusion von abendländischer und orientalistischer Kultur zu verwirklichen. Sie ergreift Partei für die islamische Welt, unterstützt den arabischen Nationalismus und verurteilt den europäischen Imperialismus. Ihre politischen Texte rufen Missgunst in der frankophonen Gesellschaft hervor. Sie wird verurteilt, gegen die Interessen Frankreichs zu handeln. Auch in Ägypten führt ihr politisches Engagement zu Konflikten, so dass ihr untersagt wird, sich weiterhin politisch zu engagieren. In ihren letzten Lebensjahren lebt sie in großer Armut und beschäftigt sich intensiv mit Religionen sowie Meditation.

Im Jahr 1958 stirbt sie im Alter von 78 Jahren und wird nach islamischer Tradition unter dem Namen Rawhiya Nour-Er-Dine begraben.[9]

3. Einflüsse und wichtige Werke

3.1 Charakteristika der Avantgarde

Valentine de Saint-Point gehört zu den Künstlerinnen der historischen Avantgarde (1909-1930[10]). Die avantgardistische Bewegung ist eine Reaktion auf die Erfahrung, dass die Kunst unter den Bürgern Warencharakter angenommen hat und dass die Antwort der Künstler hierauf, die Haltung der *l'art pour l'art* (Symbolismus), also der Autonomie der Kunst, in eine Ausweglosigkeit – die oft im Hinblick auf die Dekadenzdichtung erwähnt wird – mündet.[11]

Die Avantgardisten reagieren auf die rasante Veränderung der sozialen und industriellen Umwelt; sie erleben die technische Veränderung als Aufforderung zur Entwicklung neuer

---

[7] Vgl.: http://fr.wikipedia.org/wiki/Valentine_de_Saint-Point.
[8] Vgl.: Bordes: 6.
[9] Vgl.: http://fr.wikipedia.org/wiki/Valentine_de_Saint-Point.
[10] Vgl.: Wagner, Birgit: Technik und Literatur im Zeitalter der Avantgarden: Ein Beitrag zur Geschichte des Imaginären. München: Wilhelm Fink Verlag 1996 (Bd. 2), S. 45.
[11] Vgl.: Wagner: 45.

Kunst-Techniken.[12] Die futuristischen Werke, zu denen sich Saint-Point mit ihrem *Manifeste de la Femme Futuriste* bekennt, sind gekennzeichnet durch die Verherrlichung des modernen Lebens und des Zukünftigen, durch Antitraditionalismus, Positivierung der Maschine als Befreiungsinstrument, durch die Verachtung des Nachahmens, den Hass auf Vergangenes, der Hinwendung zur Gefahr und Gewalt sowie durch die Verherrlichung des Patriotismus und des Krieges.[13] Zudem wird der „Herrschaft des Weibes in der Literatur", die man im Naturalismus zu finden meint, eine Absage erteilt. Der empfundenen *Effeminierung* wird eine kompromisslose Verachtung der Frau entgegengesetzt.[14] Zudem sprechen sich die Futuristen gegen die Autonomie der Kunst aus, vielmehr streben sie nach dem Organisieren einer neuen Lebenspraxis durch die Kunst.[15] Der Futurismus beschränkt sich nicht auf den künstlerischen Ausdruck, sondern ist von Anfang an gekennzeichnet durch ein „außerkünstlerisches Mehr", „ein gesellschaftliches Mehr, ein Mehr an gesellschaftlicher Kritik"[16].

In den avantgardistischen Werken macht sich der Veränderungsdrang bemerkbar durch die Abschaffung der Syntax, also der willkürlichen Anordnung der Worte, durch massiven Einsatz von Onomotopöien, durch häufige Verwendung von Metaphern und ihrer Erweiterung zur Allegorie sowie durch das Skandal auslösende Zuschaustellen des Erschaffenen.[17]

3.2 Avantgardistische Einflüsse

Saint-Point, die eine der ersten in ihrem Künstlerkreis ist, die auf ihren *soirées* Anhänger des Futurismus empfängt, mit denen sie durch ihren Liebhaber Canudo in Kontakt tritt, wird jedoch nicht allein von dieser Kunstbewegung beeinflusst.[18]

Von der Bewegung des Symbolismus, die den Aufbruch in die Moderne innerhalb der Dichtung bedeutet,[19] übernimmt sie die Vermittlung von geheimnisvollen Elementen, das Aufeinandertreffen von Sichtbarem und Unsichtbaren sowie die „émotions raffinées". Dieser Einfluss wird vor allem in ihren anfänglichen Werken sichtbar. Zudem wird ihr Schreiben von

---

[12] Vgl.: Wagner: 52.
[13] Vgl.: Mathy: 89/92.
[14] Vgl.: Koschorke, Albrecht: Die Männer und die Moderne. In: Der Blick vom Wolkenkratzer. Avantgarde -Avantgardekritik - Avantgardeforschung. Amsterdam, Atlanta: Verlag Rodopi 2000, S.144 f.
[15] Vgl.: Asholt, Wolfgang/Fähnders, Walter (Hrsg.): Manifeste und Proklamationen der europäischen Avantgarde (1909-1938). Stuttgart: Verlag J.B. Metzler 1995/2005. S. XVI.
[16] Vgl.: Pagliarani, Elio: Für eine Definition der Avantgarde. In: Literarische Avantgarden. Hg. v. Manfred Hardt. Darmstadt: Wissenschaftliche Buchgesellschaft 1989, S. 72.
[17] Vgl.: Wagner: 49.
[18] Vgl.: Valentine de Saint-Point, la Métachorie. http://www.lettres-et-arts.net/arts/59-qui_est-elle. Letzter Zugriff: 03.06.2009 um 14: 20 Uhr.
[19] Vgl.: Hoffmann, Paul: Symbolismus. München: Wilhelm Fink Verlag 1987, S. 12.

der Sprache Charles-Pierre Baudelaires beeinflusst[20], der sich durch den Neuansatz innerhalb der modernen Lyrik, seine Großstadtdichtung sowie das Prinzip des Verwandelns von Hässlichem in Schönes durch das Medium Kunst etabliert.[21] Zudem streben die Werke Saint-Points in Richtung *École Romane*, gegründet von Jean Moréas, der sich vom Symbolismus verabschiedet, um den Werten der Klassik, verbunden mit der Vorliebe zu vergangenen mediterranen Kulturen, nachgehen zu können. Die Strömung ist geprägt von der Mystik der Elemente Wasser, Wind und Sonne und mündet in eine pantheistische Sichtweise.[22]

Saint-Points Schreiben wird also durch verschiedene avantgardistische Strömungen sowie durch klasssische, parnassische, symbolistische und mystische Elemente beeinflusst, aus denen sie eine Synthese bildet.

Durch ihre Werke wird der Umbruch, bedingt durch den Übergang in ein neues Jahrhundert, sichtbar, so dass sie sich als „femme entre deux siècles" bezeichnen lässt. [23]

3.3 Sujets der Werke Saint-Points

Valentine de Saint-Points Überlegungen betreffen alle Arten von Kunst und überschreiten die Grenze zwischen den Disziplinen. Sie sieht die Künste miteinander in Verbindung stehend; die Kunst und das Leben in einer globalen Weise.[24] In ihren Werken finden sich zwei Hauptthemen wieder: die Suche nach dem optimalen Weiblichen sowie die Synthese der Künste. Letzteres kristallisiert sich am deutlichsten in Saint-Points Wirkung als Choreographin heraus. Sie begründet mit *La Métachorie* eine neue Art der Performance: ein Bruch mit dem, was man damals traditionell als Tanz bezeichnete. Die Elemente, die den Tanz ausmachen, werden in Frage gestellt, vergleichbar mit der Technik von Tzara und Apollinaire, die mit dem brechen, was ein Gedicht ausmacht, also mit der Linearität des Schreibens.

Saint-Point tanzt ihre Gedichte zu Musik in merowingischen Kostümen und mit verschleiertem Gesicht. So wird „l'art mobile" dargestellt. Tanz, Musik und Poesie werden vereinigt und eine „fusion de tous les arts" sowie eine Hinwendung zum Essentiellen wird angestrebt.

Das Prinzip der Simultanität, was einige Künstler der Avantgarde unabhängig von einander für sich beanspruchen, wird hier deutlich: Das künstlerische Material soll nicht in seiner Linearität verharren, sondern seine Elemente in der Simultanität wieder finden. So wird

---

[20] Vgl.: Bordes:1.
[21] Vgl.: Hoffmann, Paul: Symbolismus. München: Wilhelm Fink Verlag 1987, S. 40f.
[22] Vgl.: Bordes:2.
[23] Vgl.: Valentine de Saint-Point, la Métachorie. http://www.lettres-et-arts.net/arts/59-qui_est-elle.
[24] Ebd.

am Beispiel des Tanzes eine Gleichzeitigkeit von körperlicher Darstellung und Musik erreicht.

Das zweite, oben aufgeführte Thema der Saint-Point, die Suche nach dem optimalen Weiblichen, begründet sich auf zwei Haupteinflüsse: Zum einen ist Saint-Points Sicht des Weiblichen beeinflusst von der Philosophie Otto Weiningers, der das Prinzip der Bisexualität, also der androgynen Natur des Menschen, entwirft. Es besagt, dass die Anlage des Menschen zwiegeschlechtlich ist und dass erst das Überwiegen des männlichen oder weiblichen Elements das ausmacht, was Mann oder Frau markiert. Diese Grundannahme findet sich in ihrem *Manifeste de la Femme Futuriste* wieder, welches unter Punkt 4 näher analysiert wird.

Zum anderen wird sie von der Philosophie Nietzsches beeinflusst. Valentine de Saint-Point konzeptualisiert den Begriff der *surfemme*, das Pendant zu Nietzsches *surhomme*. Der Mensch ist demnach der Erschaffer seines eigenen Wertes und soll danach streben, sein Potential selbst zu entwickeln. Auf diese Weise wird er zum *surhomme*.

Saint-Point entwickelt ein Bild der modernen Frau, jedoch nicht nach den Idealen, die durch die feministische Bewegung vertreten werden; jene Sichtweise bewertete sie als sehr vereinfacht. Sie ist der Ansicht, dass der Feminismus ausschließlich über materielle und soziale Probleme beunruhigt sei. Wichtiger sei es jedoch, über einen tieferen, spirituellen Inhalt nachzudenken.

Da die Literatur eine große Rolle bei der Vermittlung des Frauenbildes spielt, möchte Saint-Point gegen die Literatur rebellieren, die der Frau lediglich eine sentimentale Rolle zuspricht. Sie möchte die Frau von den sie prägenden Stereotypen befreien. Diese Befreiung soll durch das Wiederentdecken des *désir*, der sexuellen Wünsche, geschehen.[25] Die Befreiung der Frau verläuft also über die Befreiung ihres Körpers. Die Erotik wird zu einer Form der weiblichen Emanzipation. Saint-Point gibt dem Begriff des *désir* den Status eines grundsätzlichen Konzepts und befreit ihn von Konnotationen, die ihm durch soziale und religiöse Traditionen verliehen werden. Die Akzeptanz des *désir* ermöglicht es, eine Einheit von Körper und Geist wiederzuerlangen, da der *désir* das Mittel zu dieser Fusion darstellt.[26]

Mit dem Prinzip des Verlangens beschäftigt sich Saint-Point in ihrem autobiographischen Bekenntnis *Une Femme et le désir* (1910) näher, das ihr erlaubt, einige Wahrheiten über die weibliche Psychologie auszudrücken.

In ihrem zweiten Manifest, dem *Manifeste Futuriste de la Luxure*, setzt sie sich mit dem Thema *Wollust* auseinander und stellt die These auf, dass die Liebe ein veralteter, über-

---

[25] Vgl.: Valentine de Saint-Point, la Métachorie. http://www.lettres-et-arts.net/arts/59-qui_est-elle.
[26] Vgl.: Bordes: 3.

holter Wert sei. Man müsse ihn ersetzten durch die Lust, die die Bedingung für ein erfülltes Sein darstelle.

In ihren Hauptwerken *Poèmes de la Mer et du Soleil, L'orbe Pâle, La Soif et les Mirages* räumt Saint-Point ihrer eigenen Art des Schreibens einen Platz ein. Ihr Schreiben kann nicht als feministisch gewertet werden, jedoch als fortschrittlich feminin. Sie markiert somit eher das Innere der Frau als ihre soziale Rolle. Zudem versucht sie, sich von den männlichen und literarischen Vorstellungen frei zumachen um Regeln für eine weibliche Ästhetik zu formulieren. Hier wird die immer wieder auftauchende Verknüpfung mit antiken Figuren deutlich. Saint-Point möchte die Heldinnen des mythischen Epos reaktualisieren, die männlich, erotisch und Instinkt geleitet zugleich sind (*Trilogie de l'amour et de la mort: Un Amour* (1906), *Un Inceste* (1907), *Une mort* (1909)). Das Bild der mäßigen Frau ist der Gegensatz zu ihrem Idealtypus, der sich durch Mythen ohne Weichheit auszeichnnet.[27]

4. Analyse des *Manifeste de la Femme Futuriste*

Valentine de Saint-Point trifft – wie zuvor angemerkt– durch Ricciotto Canudo im Rahmen der *soirées* auf die futuristische Kunstbewegung. Die Prinzipien und Vorstellungen der Verfechter des Futurismus korrespondieren gut mit den zukunftsweisenden Ideen Saint-Points. Sowohl Marinetti und seine Anhänger, als auch Saint-Point verachten das Vergangene und befinden sich stets auf der Suche nach Neuem.

Das futuristische Frauenbild der avantgardistischen Strömung lehnt Saint-Point nicht gänzlich ab, vielmehr stimmt sie sogar in einigen Punkten mit Marinetti überein. Jedoch ergänzt sie dessen Thesen, indem sie die Ursachen der weiblichen Weichheit benennt:

„[...] le problème, Marinetti, c'est que la société contraint les femmes à se transformer d'êtres supérieurs en personnages languissants et sentimentaux que je déteste autant que vous, [...]."[28]

Um ihr Verständnis von Männlichkeit und Weiblichkeit ausführen zu können, veröffentlicht Valentine de Saint-Point im Jahre 1912 ihr erstes Manifest, das *Manifeste de la Femme Futuriste*. Sie ist somit die Erste, die auf das futuristische Gründungsmanifest von Filippo Tom-

---

[27] Vgl.: Bordes: 2.
[28] Vgl.: Correspondance avec Marinetti, collection privée. Der Autor zitiert Véronique Richard de la Fuente. (Richard de la Fuente, Véronique: Valentine de Saint Point, une poétesse dans l'avant-garde Futuriste et méditerranéiste, Édition des Albères, 2003), die wiederum Valentine de Saint-Point zitiert. http://www.lettres-et-arts.net/arts/59-qui_est-elle.

maso Marinetti reagiert, noch bevor Guillaume Apollinaire seine Bestätigung des Futurismus verfasst.

Valentine de Saint-Point überzeugt Marinetti mit der Erweiterung seiner Grundsätze, er achtet sie sehr und weiht sie zur ersten Frau des Futurismus. So hält sie, gekleidet in einer roten Robe mit einem mexikanischen Hut und in Begleitung der wichtigsten Vertreter des Futurismus, Balla, Sevirni und Marinetti, eine Lesung des Manifests am 27. Juni 1912 im *salle Gaveau* in Paris.

4.1 Chrakteristika und Probleme des Mediums

Die Ausdrucksform des Manifests ist das signifikante Medium der Avantgarden. Es hat die Funktion der Provokation, der Abgrenzung und der Selbstdarstellung durch die mündliche Wiedergabe eines Forderungskataloges.[29] Das Manifest besitzt eine offene und praktikable Form, die auf unterschiedlichste Weise ausgestaltet werden kann. Trotz der unterschiedlichen, oft widersprüchlichen Vielfältigkeit kann das Manifest als gemeinsame Basis der Avantgarde gesehen werden.

Es lassen sich zwei grundlegende Ausrichtungen in der Gestaltung der Manifeste erkennen. Zum einen existieren Manifeste, die ihre Ziele durch eine radikal mit der herkömmlichen Wahrnehmungsweise brechenden Gestaltung zu erreichen suchen.

Zum anderen finden sich Manifeste, die die Ausdrucksweise des Manifestantismus des 19. Jahrhunderts weiterführen und durch den Symbolismus markiert sind. Zu dieser Form des Manifests lässt sich auch jenes von Saint-Point zählen, dass weniger durch eine extravagante syntaktische Anordnung auffällt.

Manifeste sollen eine Verbindung zwischen Kunst und Lebenspraxis darstellen, sie sind also an der Grenze zwischen Kunstwerk und außerkünstlerischer Welt angesiedelt.[30] Vor allem der Kollektivcharakter der *soirées* bringt das Prinzip des Zusammenführens von künstlerischem Dasein und Lebenspraxis zum Ausdruck.[31] So erfüllen Manifeste eine performative Funktion; sie sind Teil einer theatralischen Kommunikationssituation, die durch eine Plurimedialität gekennzeichnet ist.[32]

---

[29] Vgl.: Asholt/Fähnders: XV.
[30] Vgl.: Asholt/Fähnders: XVI f.
[31] Vgl.: Asholt/Fähnders: XXV.
[32] Vgl.: Wagner, Birgit: Auslöschen, vernichten, gründen, schaffen: zu den performativen Funktionen der Manifeste. In: Die ganze Welt ist eine Manifestation. Die europäische Avantgarde und ihre Manifeste. Hg. v. Wolfgang Asholt, Walter Fähnders. Darmstadt: Wissenschaftliche Buchgesellschaft 1997, S. 47.

Die Tatsache, dass Manifeste Teile von Aktionen sind, schlägt sich in ihrer sprachlichen Form nieder. Hieraus resultiert das Problem, dass uns nicht die gänzliche Gestalt der Manifeste vorliegt, sondern nur Texte, die aus ihrer ursprünglichen Sprechsituation herausgelöst sind. Sie sind als textuelle Zeugnisse in ihrer Gestalt verändert.[33]

So ist es nötig, auch Saint-Points Manifest immer vor dem Hintergrund der Aktion, der Welt der Mündlichkeit, wahrzunehmen.

4.2 Stilanalyse

Betrachtet man nun Saint-Points *Manifeste de la Femme Futuriste* unter dem soeben aufgeführten Aspekt der Mündlichkeit, so lassen sich in ihrem Werk einige auf Präsentation angelegte, rhetorische Mittel erkennen.

Saint-Point beginnt zunächst mit einer viel radikaleren Verwerfung als Marinetti: „L'Humanité est mediocre."[34] Diese ist darauf angelegt, das Publikum in Rage zu bringen. Zudem lässt sich die auf Mündlichkeit angelegte Schreibweise an den im schriftlichen hervorgehobenen Stellen erkennen. Womöglich hat Saint-Point jenen Kernaussagen besonderen Nachdruck verliehen, indem sie diese beispielsweise herausschrie. Zudem verleiht sie ihren Darstellungen besonderen Ausdruck, in dem sie Anaphern verwendet: „Assez des femmes dont [...]. Assez des femmes qui [...] Assez des femmes, pieuvres des foyers [...]." Darüber hinaus setzt sie häufig Doppelpunkte; diesen folgen für sie sehr wichtige Formulierungen:

„Mais dans la periode de féminité dans laquelle nous vivons, seule l' exagération contraire est salutaire: c'est la brute qu'il faut proposer pour modèle."

Die unvermittelte Kommunikationssituation von Sprecher und Hörer wird außerdem durch die Verwendung des Personalpronomens „nous" hergestellt („Nous vivons à la fin d'une de ces périodes."). Auf diese Weise schafft sie eine Verbindung zwischen den Anhängern des Futurismus und ihrer Selbst. Gleichzeitig tritt Saint-Point jedoch auch auf der Seite der Frauen auf, indem sie sich direkt an jene wendet:

„Femmes, trop longtemps dévoyées dans les morales et les préjugés, retournez à votre sublime instinct, à la violence, à la cruauté."

---

[33] Vgl.: Wagner: Auslöschen, vernichten, gründen, schaffen: zu den performativen Funktionen der Manifeste, 48f.

[34] Die unter 4.2 aufgeführten Zitate sind alle dem *Manifeste de la Femme Futuriste* von Valentine de Saint-Point (1912) entnommen.

Diese direkte Anrede dient der Provokation ihres wohl überwiegend männlichen Publikums, schafft jedoch gleichzeitig durch die Mittelposition, die Saint-Point einnimmt, eine Verbindung zwischen den zwei Lagern, den Futuristen und den Frauen.

In Saint-Points Werk lassen sich darüber hinaus unverkennbare futuristische Elemente erkennen. Sie übernimmt die aggressive, bis zu diesem Zeitpunkt dem Mann vorbehaltene Ausdrucksweise. Das kämpferische, Gewalt verherrlichende Schreiben wird hier sichtbar: „[...], il faut les entrainer à la virilité jusqu' à la brutalité." Zudem wird die typisch futuristische Ablehnung des Vergangenen deutlich:

„[...] celle qui renièrent l'instinct héroïque et qui, tournées vers le passé, s'anéantirent dans des rêves de paix, furent des périodes où domina la féminité."

Des Weiteren lassen sich die charakteristischen Begrifflichkeiten wie „héros", „sang", cruauté", „violence", „guerre" und „énergie" in ihrem Werk wieder finden. Das futuristische Element, was sich bei Saint-Point nicht erkennen lässt, ist jenes der Verherrlichung der Technik; der Maschine als metaphorisch belebtes Wesen. Die Ursache hierfür ist im futuristischen Frauenbild zu finden: „Denn es bedarf nicht mehr der ‚idealen Geliebten', wie es in einem Manifest heißt, denn sein menschlicher Teil beherrscht und liebt die Maschine, die die Frau ersetzt."[35] So ist offensichtlich, dass wir in dem fortschrittlich femininen Werk Saint-Points das Prinzip des technischen Frauenersatzes nicht wieder finden werden.

Auch die charakteristische Zerstörung der Syntax, wie sie vor allem bei Apollinaire zu finden ist, wird bei Saint-Point nicht sichtbar, da sie – wie zuvor schon verdeutlicht – eine vom Symbolismus geprägte Form des Manifests verfasst. Jedoch sind Anklänge des metaphorischen Schreibens der Futuristen in ihrem Manifest zu bemerken:

„[...]des femmes, pieuvres du foyer, dont les tentacules épuisent le sang des hommes et anémient les enfants, [...]."

Der typische Aufzählungscharakter in Form eines Forderungskataloges, wie er unter anderem bei Marinetti auftaucht, ist in Saint-Points Manifest nicht zu finden. In ihrem Werk sind zwar auch Forderungen zu erkennen, jene richten sich jedoch in direkter Weise vornehmlich an die Frauen. Indirekt betreffen diese Erwartungen des Umdenkens und Agierens natürlich im Besonderen auch die Männer. In diese Richtung formuliert Saint-Point jedoch keinen direkten

---

[35] Vgl.: Wagner: Technik und Literatur im Zeitalter der Avantgarden, S. 48.

Appell, sonder versucht hier mehr durch die Erklärung und Begründung ihres Menschenbildes zu überzeugen.

Abschließend ist zu bemerken, dass sich Valentine de Saint-Point durch ihren Schreibstil zur Bewegung des Futurismus bekennt, die sie jedoch inhaltlich um ihre Theorien in Bezug auf das Wesen des Menschen erweitert. Gleichzeit fordert sie mit der Vereinnahmung des futuristischen Mediums für ihre Zwecke ein bis dato männliches Konzept für die Frau ein.

4.3 Inhaltliche Analyse

Valentine de Saint-Point untertitelt ihr Manifest mit „Réponse à F.T. Marinetti" und setzt ihm dessen Phrase über die Verachtung der Frau voraus. Ihre Antwort ist jedoch keine bloße Umkehrung der Situation, vielmehr stimmt sie mit Marinetti in einigen Punkten durchaus überein, differenziert jedoch seine Ansichten aus, indem sie im Gegensatz zu Marinetti keine Frau/Mann-Unterscheidung trifft, sondern zwischen „féminité" und „masculinité" differenziert. Diese Differenzierung erlaubt den „Entwurf einer anderen Ganzheit" bzw. eines vollständigen, androgynen Wesens.[36]

Das Ziel ihrer Arbeit besteht darin, ihrer Sympathie zur futuristischen Bewegung Ausdruck zu verleihen und diese durch ihr grundsätzliches Verständnis vom Wesen des Menschen, was sich gegen die Misogynie Marinettis wendet, zu erweitern. Darüber hinaus macht sie ihr Idealbild der futuristischen Frau durch den Kontrast zur mäßigen, sentimentalen Frau deutlich und stellt Forderungen, an Hand derer sie das Bild der fortschrittlichen Frau erreichen möchte.

Das Manifest beginnt mit dem Verkünden ihrer Vorstellung der Geschlechterverhältnisse: „Il est absurde de diviser l'humanité en femmes et en hommes." Im Folgenden spricht sie von der Zusammensetzung des Menschen durch weibliche und männliche Komponenten; sie erläutert hier das Prinzip der Bisexualität. Mit dem geschichtlichen Zyklus von Krieg und Frieden argumentiert sie, dass weder das ausschließlich Weibliche noch das Dominieren des ausschließlich Männlichen zu einer positiven Situation führen könne:

„ Les périodes, qui n'eurent que des guerres peu fécondes en héros représentatifs parce que le souffle épique les nivela, furent des périodes exclusivement viriles; celles qui re-

---

[36] Vgl.: Febel, Gisel: „Poesie-Erreger" oder von der signifikanten Abwesenheit der Frau in den Manifesten der Avantgarde. In: Die ganze Welt ist eine Manifestation. Die europäische Avantgarde und ihre Manifeste. Hg. v. Wolfgang Asholt, Walter Fähnders. Darmstadt: Wissenschaftliche Buchgesellschaft 1997, S. 87.

nièrent l'instinct héroïque et qui, tournées vers la passé, s'anéantirent dans des rêves de paix, furent des périodes où domina la féminité."

Im Anschluss daran kommt sie auf das Problem der damaligen Zeitspanne zu sprechen und formuliert ihre Hauptthese: „Ce qui manque le plus aux femmes, aussi bien qu' aux hommes, c'est la virilité."

Durch die bürgerliche Gesellschaft sei die „virilité" der Frau zurückgehalten worden, so dass sie sich von ihren grundlegenden Instinkten entfernt habe („...on heurte l'instinct de la femme, on ne prise plus que son charme et sa tendresse."). Diese Aussage unterstreicht das gemeinschaftliche futuristische Feindbild, das Bürgertum.

Darüber hinaus fordert Saint-Point hier eine Gleichheit in Bezug auf die Männlichkeit. Mehr noch, sie erklärt die Männlichkeit zum Wesen der Frau („...la femme n'est pas sage, n'est pas pacifiste, n'est pas bonne."). Da es der Frau jedoch an Stärke fehle, unterstützt Saint-Point den übertriebenen Aufruf des Futurismus zur Männlichkeit.[37] Ihrer Meinung nach könne das Feminine der Zeit nur durch diese Übertreibung vertrieben werden:

„Mais, dans la période de féminité dans laquelle nous vivons, seule l'exagération contraire est salutaire: c'est la brute qu'il faut proposer pour modèle."

Im Folgenden bringt Saint-Point ihren neu konzeptualisierten Begriff des „Désir" in ihre Argumentation mit ein. So würden die Frauen, die im Kontrast zu ihrem weiblichen Idealbild stehen („[...] des femmes garde-malades qui perpétuent les faiblesses et les vieillesses, [...]"), das Verlangen zerstören, das für Saint-Point ein Instrument der Emanzipation darstellt.

Nach Saint-Point sollte jede Frau nicht nur weibliche Tugenden, sondern auch männliche Qualitäten besitzen. Um zu belegen, dass der Typus Frau, wie sie ihn beschreibt, existiert, reiht sie kriegerische Heroinen, Attentäterinnen und Selbstmörderinnen der Geschichte auf.

Den Feminismus weist Saint-Point jedoch entschieden als „erreur politique" zurück. Die Frage der Emanzipation ist für sie keine primär politische oder juristische, sondern eine des Lebens und der Verwirklichung der Sexualität. So bringt sie auch in diesem Manifest den Begriff der „luxure" ein, durch jenen für sie eine Befreiung des Seins erreicht werden kann.

In ihrer hervorgehobenen Schlussfolgerung („CONCLUONS") appelliert Saint-Point an die Frauen, dass sie zu ihren erhabenen Instinkten zurückkehren sollten; dies bedeutet eine Rückkehr zur „violence" und zur „cruauté".

---

[37] Vgl.: Febel: 87.

Zusammenfassend ist hervorzuheben, dass nach Saint-Points Darstellungen die eigentliche Frau futuristisch ist, da sie im Grunde zum Maßlosen neigt („Parce qu'elle manque totalement de mesure [...]").

Das Ziel des Manifests der Saint-Point besteht darin, die komplexe Frau, so wie sie ursprünglich ist, also ein Komplex aus weiblichem Instinkt und männlichem Willen, darzustellen. Das Porträt der futuristischen Frau stimmt mit einem unerreichbaren Modell überein: Es stellt eine Heldin dar, die bereit ist, allen Situationen ohne Befindlichkeit gegenüberzutreten, sondern ausschließlich mit der Kraft der Überzeugung. Mit dieser Darstellung möchte Saint-Point die Vorstellung eines schwachen Geschlechtes zerstören. Die Frau soll sich nicht ausschließlich in einer Position der Passivität befinden, sondern zu ihrer instinktiven und dominanten Natur zurückkehren.[38]

Sinnlichkeit und Heldentum sind für Saint-Point zwei Komponenten der Frau sowie des Mannes. Die Frau trägt also dominante und kriegerische Elemente in sich so wie auch der Mann. Sie sollte demnach nicht auf das Klischee der passiven und abwartenden Mutter reduziert werden.

5. Resümee

Valentine de Saint-Points produktivste Phase des künstlerischen Schaffens befindet sich ohnehin schon in einer Zeit des Umbruchs, in der Altes verworfen wird und viel Neues entsteht, dennoch lässt sich ihr Wirken, insbesondere in Bezug auf das *Manifeste de la Femme Futuriste* als besonders fortschrittlich bewerten. Saint-Point wirkt bei allem Neuen mit und ist diesem oft sogar einen Schritt voraus.

So entwickelt Saint-Point unabhängig von der Bewegung des Futurismus ähnliche künstlerische Ideen, beispielsweise die der Verwerfung des Vergangenen, was ihre zukunftsgerichtete, nonkonformistische Anschauungsweise hervorhebt. Ferner ist sie eine der ersten Kunstschaffenden, die durch ihr Manifest eine Reaktion auf die Gründung der futuristischen Bewegung zeigt und deren Konzepte überzeugend erweitert.

Zudem wendet sich Saint-Point in ihrem Manifest entschieden gegen die damaligen Forderungen des Feminismus, der sich vor allem mit der Stellung der Frau innerhalb der Gesellschaft beschäftigte, und setzt diesen sozialen Forderungen nach Gleichheit einen komplexeren Theorieansatz entgegen.

---

[38] Vgl.: Valentine de Saint-Point, la Métachorie. http://www.lettres-et-arts.net/arts/59-qui_est-elle.

Saint-Points Kritik an der Mann/ Frau-Differenzierung („Il est absurde de diviser l'humanité en femmes et en hommes."), der sie die Verwendung der Begrifflichkeiten „feminité" und „masculinité" entgegensetzt, sowie ihre Ablehnung der feministischen Beschränkung der Frau auf ihre soziale Rolle kann als Hinweis auf die spätere Ausrichtung der postmodernen, feministischen Theorien gedeutet werden. Diese haben nicht mehr – im Gegensatz zum klassischen Feminismus – den Kampf für die Rechte der Frau zum Inhalt, sondern beschäftigen sich mit der Abschaffung der Geschlechterkategorien Frau/Mann.[39]

Bemerkenswert ist außerdem, dass Saint-Point in ihrem Manifest die Wiederentdeckung des *désir* und der *luxure* fordert. Sie geht unvoreingenommen mit den Begriffen um und befreit jene von den ihnen anhaftenden negativen Konnotationen. Sie tut dies in einer Zeit, in der unzählige sexuelle Tabus herrschen – von der strikten Norm der Homosexualität bis hin zum Ideal der Keuschheit. Das Begehren wurde damals also von der Kultur in hohem Maße domestiziert, worauf – nach Freudscher Studie – mit dem Krankheitsbild der Hysterie reagiert wurde.[40]

Ferner vertritt Saint-Point in ihrem Manifest die fortschrittliche Philosophie der Zwiegeschlechtlichkeit, die zu jener Zeit entwickelt wird und sich später gegen andere Konzepte durchsetzten sollte. Ihre These der virilen Anlage der Frau ist als mutig und fortschrittlich zu bewerten. Sie vertritt diese Theorie, während die Männerwelt lediglich das Gefühl hat, eine Effiminierung zu erfahren, die es mit der modernen Vermännlichungsrhetorik zu bekämpfen gilt.[41] Viele Merkmale dieser Rhetorik übernimmt Saint-Point durch das Verfassen eines Manifests einfach für ihre Zwecke und beansprucht so eine männliche Form des Schreibens für die Frauen – anstelle sich weiterhin durch ein weibliches Schreiben von der Männerwelt eigens abzugrenzen.

Zudem ist in ihrer Schlussfolgerung des Manifests eine Zivilisationskritik zu erkennen. Mit ihrem Appell, der anregt, zu den grundlegenden Instinkten zurückzukehren, wendet sie sich gegen das aufklärerische Vernunftdenken und führt Aggressivität und Wildheit als positive Werte auf. Die Ablehnung der aufklärerischen Denkweise sollte sich später noch ausgeprägter in der Bewegung des Surrealismus niederschlagen. Hier entsteht Kunst durch die völlige Abwesenheit der Kontrolle durch die Vernunft und mit Hilfe der Imagination und des Traumes. Auch in diesem Bezug nimmt Valentine de Saint-Point also eine Vorreiterrolle ein.

Trotz ihrer zukunftsorientierten Denkweise, mit der sie den meisten Avantgardisten immer einen Schritt voraus war, wird ihren Werken wenig Aufmerksamkeit geschenkt. Diese Tatsache ließ sich bei der Literaturrecherche zu vorliegender Arbeit feststellen.

---

[39] Schößler, Franziska: Einführung in die Gender Studies. Berlin: Akademie Verlag 2008, S. 95 ff.
[40] Schößler: 40.
[41] Koschorke: 145/149.

Eine mögliche Erklärung für diesen Umstand ist die Tatsache, dass die künstlerischen Vorstellungen Saint-Points, vor allem jene bezüglich des Tanzes, nicht weiterentwickelt wurden – weder von ihr selbst, noch von anderen Künstlern. Die Ursache hierfür lässt sich in der durch den Krieg hervorgerufenen Desillusionierung vermuten, durch die auch der Futurismus Kritik und Rückschläge erfahren musste.

6. Literaturverzeichnis

Bücher:

Asholt, Wolfgang/Fähnders, Walter (1995/2005). *Manifeste und Proklamationen der europäischen Avantgarde* (1909 - 1938). Stuttgart: Verlag J.B. Metzler.

Bordes, Arnaud. *Valentine de Saint-Point.* http://revuelasoeurdelange.hautetfort.com/list/a_quoi_bon_l_art_/valentine_de_saint-point_-_arnaud_bordes.doc. Letzter Zugriff: 03.06.2009 um 14:18 Uhr.

Febel, Gisel (1997). „Poesie-Erreger" oder von der signifikanten Abwesenheit der Frau in den Manifesten der Avantgarde. In: *Die ganze Welt ist eine Manifestation. Die europäische Avantgarde und ihre Manifeste*. Hg. v. Wolfgang Asholt, Walter Fähnders. Darmstadt: Wissenschaftliche Buchgesellschaft.

Hoffmann, Paul (1987). *Symbolismus.* München: Wilhelm Fink Verlag.

Koschorke, Albrecht (2000). Die Männer und die Moderne. In: *Der Blick vom Wolkenkratzer. Avantgarde -Avantgradekritik - Avantgardeforschung*. Amsterdam, Atlanta: Verlag Rodopi.

Mathy, Dietrich (1994). Europäischer Futurismus oder: Die beschleunigte Schönheit. In: *Die literarische Moderne in Europa*. Hg. v. Hans-Joachim Piechotta, Ralph-Rainer Wuthenow, Sabine Rothemann. Opladen: Westdeutscher Verlag (Bd. 2).

Pagliarani, Elio (1989). Für eine Definition der Avantgarde. In: *Literarische Avantgarden*. Hg. v. Manfred Hardt. Darmstadt: Wissenschaftliche Buchgesellschaft.

Schößler, Franziska (2008): *Einführung in die Gender Studies*. Berlin: Akademie Verlag 2008.

Wagner, Birgit (1997). Auslöschen, vernichten, gründen, schaffen: zu den performativen Funktionen der Manifeste. In: *Die ganze Welt ist eine Manifestation. Die europäische Avantgarde und ihre Manifeste*. Hg. v. Wolfgang Asholt, Walter Fähnders. Darmstadt: Wissenschaftliche Buchgesellschaft.

Wagner, Birgit (1996). *Technik und Literatur im Zeitalter der Avantgarden: Ein Beitrag zur Geschichte des Imaginären*. München: Wilhelm Fink Verlag (Bd. 2).

Internetquellen:

Sina, Adrien. *Valentine de Saint-Point: Figure futuriste, féminine et originaire de l'art-performance*. http://virtualurbanity.free.fr/Sina085/vsp.html. Letzter Zugriff: 03.06.2009 um 13:45 Uhr.

Valentine de Saint-Point, la Métachorie. http://www.lettres-et-arts.net/arts/59-qui_est-elle. Letzter Zugriff: 03.06.2009 um 14: 20 Uhr.

http://fr.wikipedia.org/wiki/Valentine_de_Saint-Point. Letzter Zugriff: 03.06.2009 um 13:45 Uhr.

BEI GRIN MACHT SICH IHR WISSEN BEZAHLT

- Wir veröffentlichen Ihre Hausarbeit,
  Bachelor- und Masterarbeit

- Ihr eigenes eBook und Buch -
  weltweit in allen wichtigen Shops

- Verdienen Sie an jedem Verkauf

Jetzt bei www.GRIN.com hochladen
und kostenlos publizieren